Feng Shui
Liebe geht durch den Magen
in der Küche

DER EINFLUSS DES QI

Wichtig beim Zubereiten der Speisen ist die Atmosphäre in der Küche. Ideal ist es, wenn das Essen in einer heiteren und harmonischen Stimmung zubereitet wird. Jeder Kochvorgang verändert das Qi, die Lebensenergie eines Nahrungsmittels. Deshalb war früher die Feuerstelle und gilt heute die Küche als energetisches Zentrum in einem Haus oder in einer Wohnung. Das in diesem Bereich zubereitete Essen soll mit seiner Qualität und Schwingung die Familienmitglieder aufbauen, ihnen Gesundheit garantieren und Lebenskraft spenden. Unter allen Plätzen und Geräten in der Küche ist der Standort des Herdes am wichtigsten.

HERD AN DER WAND?

In intimen Situationen liebt der Mensch einen geschützten Ort, am besten mit Rückendeckung. Der Kochvorgang ist mit so einer Situation zu vergleichen. Denn schließlich soll die Köchin oder der Koch aus der Position der Stärke heraus eine möglichst gut bekömmliche und energiereiche Mahlzeit zubereiten können. Deshalb ist die idealste Stelle für den Herd dort, wo Sie den besten Überblick über Ihre Küche haben.

Am einfachsten verschaffen Sie sich diesen Überblick mit einer Kochinsel. Neben der Übersicht fördert sie Ihr Wohlbehagen und bietet Ihnen Kommunikationsmöglichkeiten während des Kochens.

100 PROZENT QI – AUF DIE STIMMUNG KOMMT ES AN

Hochwertiges, energiereiches Essen ist viel mehr als nur die Summe seiner Zutaten. Während des Kochens werden die Nahrungsmittel umgewandelt. Dabei nehmen sie die Schwingungen eines glücklichen und zufriedenen Kochs genauso auf wie die eines unruhigen Umfeldes. Deshalb sollten Sie beim Kochen nicht mit dem Rücken zur Tür stehen, weil Sie so nicht sehen können, wer hinter Ihnen hereinkommt. Ein Spiegel oder eine spiegelnde Metallfläche hinter dem Herd kann Abhilfe schaffen, denn damit können Sie überblicken, wer die Küche betritt. Außerdem »öffnet« er optisch die Wand, was Ihnen ein angenehmes Gefühl von Tiefe verschafft. Ein weiterer Effekt ist: Der Spiegel »verdoppelt« die Speisen und damit das potentielle Qi, was aus der Sicht des Feng Shui besonders förderlich für Lebenschancen und Finanzen ist.

Sollte diese Spiegellösung in Ihrer Küche nicht realisierbar sein, dann befestigen Sie einfach an der Küchentür ein sanftes Klangspiel. Damit fühlen Sie sich sicher, denn Sie können immer hören, wenn jemand hinter Ihnen die Küche betritt.

POWER FÜR DIE KÜCHE

Eine ideale Küche ist gut beleuchtet, hell und freundlich gestrichen. Die besten Wandfarben sind ein leicht abgetöntes Weiß sowie Gelb und warme Erdtöne. Da auch die Frischluft eine wichtige Quelle für ein gutes Qi ist, sollte die Küche regelmäßig gelüftet werden. Insgesamt sollte sie eine animierende, frühlingshafte Lebendigkeit ausstrahlen. Frische Topfpflanzen tun ihr besonders gut, ebenso eine Obstschale, üppig gefüllt mit marktfrischen Köstlichkeiten. Achten Sie darauf, wie Sie vor dem Herd stehen. Der Bereich vor Ihrem Kopf sollte unbedingt frei sein. Wuchtige Dunstabzugshauben wirken wie der sprichwörtliche Balken vor dem Kopf. Idealerweise sind die besten Dunstabzugshauben klein und haben abgerundete Ecken.

Ähnlich verhält es sich mit Deckenbalken. Um drückende Einflüsse vom Herd und Eßtisch fernzuhalten, sollten sie hell gestrichen sein oder am besten in die Decke integriert werden, zumindest aber mit einem Tuch, das unter den Balken gehängt wird, aufgelöst werden.

Kleine Tricks mit

den freien Energiefluß fördern

großer Wirkung

VORSICHT ECKEN

Vermeiden Sie beim Essen die Ecken Ihres Eßtisches, denn scharfkantige Ecken Ihrer Möbel können Unruhe oder Streit auslösen. Sanft runde Möbelformen in der Nähe von Sitzplätzen oder in Bereichen, an denen Sie sich oft vorbeibewegen oder aufhalten, lösen das Problem.

Entsprechend dem kontrollierenden Zyklus der Fünf Elemente sollten weder Spüle, Waschmaschine, Kühlschrank noch die Geschirrspülmaschine (Wasser-Element) unmittelbar neben dem Herd (Feuer-Element) stehen. Ausgleichen läßt sich dieser Wasser-Feuer-Konflikt am besten mit »Holz«. Idealerweise planen Sie von Anfang an entweder ein trennendes Schränkchen zwischen die Streithähne Feuer und Wasser mit ein, oder Sie schaffen symbolisch durch einen Holzlöffel Abhilfe, den Sie an der Wand zwischen den beiden Geräten befestigen.

DER OPTIMALE ESSPLATZ

Am besten genießen Sie Ihr energiereiches Essen in heiterer und behaglicher Stimmung. Dementsprechend wichtig ist die harmonische Gestaltung der Eßecke oder des Eßzimmers. Die ideale Tischform ist rund, aber auch ovale, quadratische, rechteckige oder achteckige Eßtische gelten als günstig. Unregelmäßige Tischflächen sowie dreieckige oder solche mit abgekappten Ecken gelten als Streittische. Mit Hilfe eines Tischtuches, das die Form absoftet, einer Vase mit frischen Blumen oder einem runden Ziergegenstand in der Tischmitte können Sie die Wogen glätten. Freundliche Bilder und helle Farben verschönern zusätzlich den Raum. Ungeliebte Antiquitäten, unbequeme Stühle, lärmende Radio- oder Fernsehgeräte, irritierende Gegenstände oder andere Streßfaktoren sollten Sie aus dem Eßzimmer verbannen. Auch die störende Trennfuge des Ausziehtisches läßt sich mit einem Tuch, einer verbindenden Schale oder einer Blumenvase leicht überbrücken.

GEMÜSESCHNEIDEN
EINMAL ANDERS

Die Art, wie Sie Obst, Gemüse oder andere Nahrungsmittel schneiden, beeinflußt sowohl den Energiegehalt als auch den Charakter des Nahrungsmittels. Probieren Sie es einfach einmal aus und schneiden Sie Möhren, Lauch oder Sellerie auf zwei verschiedene Arten: eine Hälfte so, wie Sie es immer tun, die andere Hälfte in schräge Scheibchen, Würfelchen oder Streifen. Jede Form trägt in sich eine lebendige Spannung – von vorne und hinten, also von Yin und Yang. Wenn Sie das Gemüse streng im rechten Winkel schneiden, fehlt den Stücken diese Spannung. Gleichzeitig enthalten sie weniger Qi. Und das spüren Sie am Geschmack.

Der saubere Schnitt

Genauso wichtig wie Sauberkeit und Ordnung ist die gute Pflege Ihrer Werkzeuge. Der glatte Schnitt eines scharfen Messers energetisiert das Nahrungsmittel mit Klarheit und Präzision. Durch die liebevolle Verarbeitung mit der Hand bekommen sie eine günstige Qi-Schwingung mit – anders als es Küchenmaschinen je schaffen, deren hochtourige Perfektion das »gewisse Etwas« immer vermissen lassen wird.

Ihre Einstellung ist sehr wichtig

Bei allem, was Sie tun, ist Ihre persönliche Einstellung am wichtigsten. Ein mit Liebe und Hingabe zubereitetes Essen ist bekömmlicher als eines, das zwar technisch perfekt, aber in Streß und mit Widerwillen gekocht wurde. Bleiben Sie deshalb im Fluß und wählen Sie je nach Lust und Laune und verfügbarer Zeit die jeweils passende Zubereitungsart. So werden Sie jederzeit das optimale Qi Ihres Essens genießen können.

Das Fünf-

ein dynamischer Zyklus

Elemente-Modell

DIE ENERGIE EINFACH
FLIESSEN LASSEN

Wie ein Feng-Shui-Meister die Dinge um Sie herum in einen möglichst harmonischen Qi-Fluß bringt, so können Sie mit Hilfe der Fünf-Elemente-Küche den Qi-Fluß Ihres Körpers und Ihrer Seele positiv beeinflussen.

In der chinesischen Ernährungslehre, einem Teilaspekt der Traditionellen Chinesischen Medizin (TCM), geht es in erster Linie um die vorhandene Energie in den Nahrungsmitteln und um die Fähigkeit des menschlichen Organismus, diese Energie zu nutzen. Leben bedeutet Energie, und lebendige Prozesse stellen immer dynamische Gleichgewichtsverhältnisse dar. Bei einer energiereichen Ernährung spielen Kalorien, Eiweiß, Fett und Kohlenhydrate sowie Vitamine und Spurenelemente eine untergeordnete Rolle. Stattdessen steht die Wirkung eines Gerichtes auf den Menschen im Vordergrund. Interessant dabei ist die Thermik – das Ausmaß an Yin/Kälte oder Yang/Hitze, das im Körper durch Nahrungsmittel erzeugt wird –, das heißt, die richtige Energie für Ihren Körper. Wenn die Körperenergie stimmt, dann ist auch Ihre Ernährung ausgewogen. Denn

jedes Element (=Organ) soll mit ausreichend Energie versorgt werden.

Jedes Nahrungsmittel harmonisiert ein bestimmtes Element. Entsprechend seinem Geschmack führt es seinem Element Energie zu und entsprechend seiner Thermik kühlt oder wärmt es das Element und das dazugehörende Organ. Bei einer ausgewogenen Ernährung im Sinne der Fünf Elemente wird jedes Element mit genügend Energie versorgt.

Ist ein Element im Mangel, so kann dieser mit der Nahrungsmittel-Thermik behoben werden. Das Element, das einen Energiemangel hat, braucht wärmende Nahrungsmittel, beispielsweise Essig, Lauch, gegrilltes Fleisch, Nüsse, Huhn oder Himbeeren. Ein Element mit Energieüberschuß oder -stau braucht Erfrischung oder Kühlung, zum Beispiel durch Blattsalat, Äpfel, Weizen, Milchprodukte, Langkornreis oder Scholle.

Je mehr »Flammen« in der Küche brennen, desto mehr Energie wird auf die Nahrungsmittel, die Sie zur Zubereitung des Essens verwenden, übertragen. Je besser Ihr Körper mit Energie versorgt wird, umso effektiver können Sie Ihren Verpflichtungen nachkommen und Ihre tägliche Arbeit verrichten und damit Ihren Wohlstand mehren. Je mehr Wohlstand Sie erreichen, desto besser ist die Versorgung mit Nahrungsmitteln und desto eher kommt Ihre Energie ins Gleichgewicht.

ZUORDNUNGEN

Die Elemente Holz, Feuer, Erde, Metall und Wasser bilden die Bausteine allen Seins. Aus der nachfolgenden Tabelle erkennen Sie,

daß jedem Element verschiedene Aspekte zugeordnet werden.

Jedem Element entsprechen beispielsweise ein Organpaar aus Hohl- und Speicherorgan mit den jeweiligen Funktionen, ein Sinnesorgan, ein Gefühlszustand, ein Körpergewebe, eine Jahreszeit, eine Farbe, eine Tugend und eine Geruchsempfindung.

WICHTIGE ZUORDNUNGEN DER FÜNF ELEMENTE

	HOLZ	FEUER	ERDE	METALL	WASSER
Organpaar	Leber/Gallenblase	Herz/Dünndarm	Milz-Pankreas/Magen	Lunge/Dickdarm	Niere/Blase
Geschmack	sauer	bitter	süß	scharf	salzig
Sinnesorgan (»Öffner«)	Auge	Zunge	Mund	Nase	Ohr
Jahreszeit	Frühling	Sommer	Erntezeit Spätsommer	Herbst	Winter
Klima	Wind	Hitze	Feuchtigkeit	Trockenheit	Kälte
Emotion	Wut	Freude	Sorgen	Trauer	Angst
Gewebe	Muskeln	Blutgefäße	Bindegewebe	Haut	Knochen
Farbe	blau-grün	rot	gelb	weiß/hellgrau	blau/schwarz
Geruch	ranzig	verbrannt	duftend	nach Fisch	faulig
Himmelsrichtung	Osten	Süden	Mitte	Westen	Norden
Tugend	Güte	Sittlichkeit	Vertrauen	Redlichkeit	Weisheit
Gefühlsäußerung	schreien	lachen	singen	weinen	stöhnen

Im Wechselspiel
neue Energien für mehr Wohlbefinden tanken
der Elemente

FÜR JEDES ORGAN EIN ELEMENT

Jedem Organ Ihres Körpers entspricht ein Geschmack. Lebensmittel mit dieser Geschmacksrichtung füttern gleichzeitig das jeweilige Organ, das entsprechende Gewebe, ein dazu passendes Sinnesorgan und einen Gefühlsbereich. »Sauer macht lustig« – die dem Holz-Element zugeordnete Leber entspannt sich, Wut und Gereiztheit lösen sich auf und die dynamische Frühlingskraft breitet sich aus, um Ihnen Aktivität und Spaß zu schenken. »Was bitter dem Mund, ist dem Herzen gesund« – so lautet ein deutsches Sprichwort. Bittere Nahrungsmittel unterstützen das Herz-Keislauf-System aus Sicht der Fünf-Elemente-Ernährung. Ihr Feuer-Element erfährt durch diese Speisen einen ausgeglichenen Qi-Fluß, gleichzeitig werden alle ihm zugeordneten Bereiche harmonisiert. Die Süße des Lebens unterstützt Ihr Erd-Element. Je mehr natürliche Süße Ihr Speiseplan enthält, zum Beispiel Kartoffeln, Nudeln, Karotten, umso mehr Power spüren Sie und können auf Zuckerhaltiges verzichten. Pikante Speisen füttern Ihr Metall-Element. Unter ihrem Einfluß

kann das Qi besonders gut durch Körper und Seele fließen. Das »Salz des Lebens« schließlich ist dem Wasser-Element zugeordnet. Aus chinesischer Sicht speichern die Nieren (=Organe des Wasser-Elements) die Kraft des Qi für Ihr ganzes Leben. Sie sollten daher besonders gut behütet werden.

DER FÜTTERUNGSZYKLUS

Alle Elemente sind in einem dynamischen Zyklus miteinander verbunden und jedes Element hat darin seinen festen Platz und seine bestimmte Aufgabe. Im Uhrzeigersinn »füttert« jedes Element das darauffolgende:

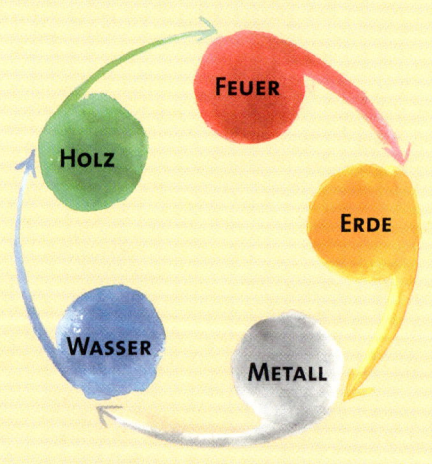

Alle Nahrungsmittel lassen sich über ihren Geschmack einem Element zuordnen. Und mit jedem Element, das Sie Ihrem Gericht hinzufügen, wird Ihre Energie auf allen Ebenen unterstützt. Jedes Element kontrolliert auch das jeweils übernächste im rechtsdrehenden Zyklus.

Kochen nach dem Zyklus

Ein energiereiches Essen erhalten Sie, indem Sie beim Kochen jedes Element mit seinem Nahrungsmittel und seinem speziellen Geschmack versorgen. Im Zyklus der Fünf Elemente führen Sie die jeweiligen Zutaten nacheinander Ihrem Gericht zu. Mit jedem Kreislauf steigern Sie das gesamte Qi Ihrer Mahlzeit. Alle Rezepte in diesem Buch folgen diesem Zyklus, deshalb sollten Sie die Reihenfolge der Zutaten genau einhalten. Je nachdem, ob Ihr Körper in einem bestimmten Bereich einen Energiemangel, Energieüberschuß oder -stau aufweist, können Sie sich mit den dazu passenden Speisen ins Gleichgewicht bringen.

Ein Organ im Energiemangel (=Yin-Zustand) benötigt wärmende Lebensmittel des dazugehörigen Elementes (yangbetonte Nahrung). Ein Organ im Energiestau oder -überschuß (=Yang-Zustand) harmonisieren Sie durch den Genuß von kühlenden Speisen des betreffenden Elementes (yinbetonte Nahrung). Die Hinweise Yin- und Yang-Aufbau finden Sie bei den jeweiligen Rezepten.

Yin oder Yang im Gleichgewicht

Um herauszufinden, ob Ihre Nahrung Ihnen genügend Energie schenkt, können Sie sich nach jeder Mahlzeit drei einfache Fragen stellen. Ihre ehrliche Antwort darauf gibt Ihnen einen ersten Hinweis, ob Ihre Gesamtenergie im Gleichgewicht ist.

1. Fühle ich mich wirklich energiegeladen und zufrieden?
2. Spüre ich eine angenehm wohlige Wärme im ganzen Körper?
3. Bin ich ausreichend gesättigt, ohne in den nächsten 3–4 Stunden ans Essen denken zu müssen?

Falls Sie eine oder auch mehrere dieser Fragen nach der Mahlzeit mit Nein beantwortet haben, können Sie sich noch mehr körperlich-seelische Energie mit dem Essen zuführen.

Um Ihnen das Kochen im Zyklus zu erleichtern, sind alle Zutaten ihrem Element zugeordnet. Im Rezeptteil bedeutet:

✳ (H) Holz
✳ (F) Feuer
✳ (E) Erde
✳ (M) Metall
✳ (W) Wasser

Power-

Mehr Harmonie, Genuß und Wohlbefinden

woche

JEDEN TAG MEHR IM GLEICHGEWICHT

An jedem Tag der Woche können Sie einem Ihrer Elemente (=Organe) eine besondere Freude bereiten. Die Nieren sind dem Wasser-Element und die Leber dem Holz-Element zugeordnet. Beide Organe verdienen wegen ihrer beachtlichen Stoffwechselleistung eine doppelte Fürsorge und werden nach dem Durchlauf aller Elemente mit einem Extratag berücksichtigt.

Zu Ihrer Orientierung entsprechen die Kapitel dieses Ratgebers den Fünf Elementen. So können Sie auch je nach Jahreszeit bestimmte Gerichte auswählen, beispielsweise im Frühling aus dem Holz-Element, im Sommer aus dem Feuer-Element, im feucht-heißen Spätsommer aus dem Erd-Element, aus dem Metall-Element im Herbst und aus dem Wasser-Element im Winter.

Ein besonders belastetes Körperorgan können Sie mit neuem Qi unterstützen: Wählen Sie bei Problemen mit der Leber und der Galle Rezepte aus dem Kapitel Holz-Element. Wenn Sie das Herz-Kreislauf-System auf Trab bringen möchten, sind die Gerichte aus dem Kapitel Feuer-Element ideal. Wer sich nach Harmonie sehnt, Anspannung und Gereiztheit ablegen möchte, sollte sich etwas aus dem Kapitel Holz-Element kochen. Bei Kummer finden Sie passende Rezepte im Kapitel Metall-Element.

Ihr energiereiches Menü stellen Sie zusammen, indem Sie verschiedene Elemente füttern, zum Beispiel die Vorspeise und das Hauptgericht aus dem Feuer-Element und das Dessert aus dem Holz-Element.

Den Tag beginnen Sie am besten mit einem Muntermacher zum Frühstück aus dem Holz-Element. Am Vormittag stillen Sie Ihren Appetit mit einer feurigen Kleinigkeit. Zum Mittagessen stärken Sie sich mit einem kräftigenden, erdenden Hauptgericht. Nachmittags gibt es etwas Pikantes aus dem Metall-Element und zum Abendessen gönnen Sie sich ein wärmendes, energievolles Abendessen aus dem Wasser-Element. Wenn Sie den energiereichen Zustand erst einmal gespürt und die Köstlichkeiten probiert haben, fallen Ihnen bestimmt noch viele andere Möglichkeiten ein, dieses sinnvolle Modell zur Steigerung Ihres Wohlbefindens zu nutzen. Auch Ihre Lieblingsrezepte werden so geschmackvoller.

WOCHENPLAN

Montag

* Geröstetes Haferflocken-Müsli * Süßgekochtes Wasser mit Kardamomkörnern
* Buchweizen mit Salbeiblättern * Süßgekochtes Wasser
* Rosenkohl mit Muskatbrösel * 1 Glas Bordeaux (Graves)

Dienstag

* Hirsesalat mit Spargel und Kapern * Süßgekoches Wasser mit Anis
* Linguine mit Gemüsestreifen * Süßgekochtes Wasser
* Feldsalat mit Avocado und Mango * 1 Glas trockene Rheingauer Auslese

Mittwoch

* Misosuppe mit Meerrettich und Korianderblätter * Süßgekochtes Wasser mit
Sternanis * Würzige Hühnerspießchen * Süßgekochtes Wasser
* Sellerieheu auf Rübchen * 1 Schälchen Sake

Donnerstag

* Kichererbsenmus mit Sesam auf geröstetem Weißbrot * Süßgekochtes Wasser
mit Sojasauce * Linsensuppe mit Rosmarin * Süßgekochtes Wasser mit Obstessig
* Waller im Wurzelsud * 1 Glas Manzanilla Sherry

Freitag

* Misosuppe mit Petersilie * Süßgekochtes Wasser mit Obstessig
* Löwenzahnsalat mit Grapefruit * Süßgekochtes Wasser * Entenleber
auf Johannisbeeren * 1 Glas Weißwein (Weißburgunder, trockene Spätlese)

Samstag

* Terrine vom Bachsaibling mit Brot * Süßgekochtes Wasser mit Algen
* Fenchelpüree mit Auberginenchips * Süßgekochtes Wasser
* Auf der Haut gebratener Barsch * 1 Glas Weißwein (Burgunder 1er Cru)

Sonntag

* Haselnuß-Petersilien-Paste auf Brot * Süßgekochtes Wasser
* Grünkernrisotto mit Rucola * 1 Glas Weißwein
* Mangoldgemüse * 1 Glas Weißwein

Gurken-

schmeckt als Vorspeise

salat mit

oder Beilage zu Kurzgebratenem

Koriander

Zutaten für 2 Personen: • Meersalz • 2 Gärtnergurken • 2 EL Weißweinessig • 1 Prise Paprikapulver • 1 Prise Rohrzucker • 1 Möhre • 1 EL Olivenöl • 1 Prise Currypulver • 10 Korianderkörner • 1 Knoblauchzehe

2 Teelöffel Meersalz (W) in eine Schüssel geben. Die Gurken (H) schälen und in dünne Scheiben hobeln, dann in Stifte schneiden. Alles vermischen, 10 Minuten ziehen lassen, dann ausdrücken und das Gurkenwasser abgießen. Essig (H), Paprikapulver (F) und Rohrzucker (E) zugeben. Möhre (E) waschen, schälen und in dünnen Scheiben zu den Gurken hobeln. Olivenöl (E), Curry (M) und Korianderkörner (M) zugeben. Knoblauch (M) schälen, kleinschneiden, dazugeben, alles mischen und mit wenig Salz (W) abschmecken.

power YIN-AUFBAU

Löwenzahnsalat

löst Blockaden und erfrischt

mit Grapefruit

Zutaten für 2 Personen: • 500 g Löwenzahnsalat • 8 Kirschtomaten • 2 EL Weinessig • 1 Grapefruit • 2 EL Weizenflocken • 2 wachsweiche Eigelbe • 2 EL Sahne • 2 EL Olivenöl • 1 TL Senf • 1 EL Wasser • Salz

Löwenzahn (H) waschen und kleinschneiden. Kirschtomaten (H) waschen, halbieren und von den Stielansätzen befreien. Beides mit Essig (H) vermengen. Grapefruit (H) schälen, dabei auch die weiße Haut entfernen, Fruchtfilets herausschneiden und zum Salat geben. Weizenflocken (F) rösten. Mit Eigelben (E), Sahne (E), Olivenöl (E), Senf (M), Wasser (W) und 1 Prise Salz (W) untermischen.

YIN-AUFBAU

Tomaten mit

entspannt bei Ärger die Leber

Apfelfüllung

Zutaten für 2 Personen: • 4 Tomaten • 1/2 Apfel (Boskop) • 2 EL Aceto balsamico • 4 TL schwarze Olivenpaste • 1 Prise Paprikapulver • 4 TL Semmelbrösel • 1 TL Butter • Pfeffer • Zitronensaft • Meersalz

Tomaten (H) waschen, je einen Deckel abschneiden, aushöhlen, den Saft auffangen. Fruchtfleisch würfeln und in die Tomaten geben. Apfel (H) schälen, würfeln, auf die Tomatenwürfel geben. Backofen auf 150° vorheizen. Je 1 Teelöffel Olivenpaste (F), Paprika (F) und je 1 Teelöffel Semmelbrösel (E) darauf geben. Tomaten mit etwas Butter (E) in eine Form geben, pfeffern (M) und salzen (W). Tomatensaft (H) und Zitronensaft (H) zugeben. Im Ofen (Mitte) 15 Minuten backen (F).

YIN-AUFBAU

Mangold-
gemüse
das erfrischt die überforderte Leber

Mangold (H) putzen, waschen, in Rauten schneiden und mit dem Wein (H) in einen Topf geben. Mit Paprikapulver (F) würzen. Die Möhre (E) waschen, schälen und in feine Scheiben darüber hobeln. Die Orange waschen, abtrocknen, mit einem Zestenreißer die Schale (E) abziehen und zum Gemüse geben. Frühlingszwiebeln (M) putzen, waschen, in Rauten schneiden und ebenfalls zugeben.

Orange auspressen. Das Wasser (W) und den Saft (H) in den Topf geben. Das Gemüse zugedeckt bei schwacher Hitze (F) etwa 10 Minuten dünsten. Mit einem Schaumlöffel in eine feuerfeste Form geben und mit Paprikapulver (F) würzen. Den Backofen auf 160° vorheizen.

Den Gemüsefond bis auf etwa 6 Eßlöffel einkochen lassen. Die Sahne (E) über den Mangold gießen, den Käse (E) darüberhobeln und mit dem Currypulver (M) bestreuen. Mit Gemüsefond (W) und Zitronensaft (H) übergießen und im Ofen (Mitte) überbacken (F), bis der Käse geschmolzen ist.

Zutaten für 2 Personen:

1 Mangold
1 Glas Weißwein
1 Prise Paprikapulver
1 Möhre
1 unbehandelte Orange
1 Bund Frühlingszwiebeln
2 EL Wasser
2 EL Sahne
70 g Appenzeller am Stück
1 Prise Currypulver
1 EL Zitronensaft

Mangold

Die Säure des vitalisierenden Grüngemüses speist Leber und Gallenblase, erfrischt und spendet Säfte. Yinbetonte Lebensmittel mit saurem Geschmack lösen beim Menschen Blockaden, und Ärger wird durch sie besser verdaut.

power

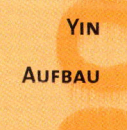

YIN
AUFBAU

Marinierter Lauch

schmeckt mit kaltem Braten oder mildem Ziegenkäse

mit Estragon

Zutaten für 2 Personen:
2 Stangen Lauch
1/4 l trockener Weißwein
1 Bund Estragon
4 Wacholderbeeren
3 EL Olivenöl
Pfeffer
Meersalz
3 EL Gemüsebrühe
Schale von 1 unbehandelten
Zitrone
2 Prisen Paprikapulver
1 Prise Ursüße (Reformhaus)
1 TL Dijonsenf

Den Lauch (H) putzen, eventuell längs halbieren und waschen. Jede Hälfte in drei gleichgroße Stücke schneiden und aufrecht in ein Schraubglas stellen. Mit dem Weißwein (H) aufgießen, bis der Lauch bedeckt ist. Den Estragon (H) waschen, trockenschütteln und klein hacken. Mit den Wacholderbeeren (F), 2 Eßlöffeln Öl (E), Pfeffer (M), Salz (W), Gemüsebrühe (W), Zitronenschale (H), Paprikapulver (F), Ursüße (E), Senf (M) und Salz (W) würzen. Das Glas mit dem Deckel gut verschließen und kräftig schütteln. Den Lauch im Glas bei Zimmertemperatur mehrere Stunden lang oder im Kühlschrank 2 bis 3 Tage marinieren.

Den Backofen auf 70° vorheizen. Lauch mit dem Sud in einem Topf etwa 5 Minuten bei schwacher Hitze (F) köcheln lassen. Den Lauch herausnehmen und im Ofen warm halten. Inzwischen den Sud auf etwa die Hälfte einkochen lassen. Den Lauch auf Tellern anrichten, das restliche Öl (E) darüber träufeln, mit Pfeffer (M) abschmecken und den Sud (W) darüber gießen.

power YANG-AUFBAU

Entenleber auf

stellt der Leber Säfte zur Verfügung

Johannisbeeren

Die Entenlebern waschen und trockentupfen. Den Backofen auf 70° vorheizen. Die Johannisbeeren waschen, 2 Rispen zur Dekoration beiseite legen, die restlichen Beeren von den Stengeln zupfen. Die Möhre waschen, schälen und fein stifteln. Den Knoblauch schälen und halbieren. Eine Pfanne leicht erhitzen (F), Butter (E) zugeben und mit Pfeffer (M) würzen. Den Knoblauch (M), die Sesamsamen (W) und die Lebern (H) darin von beiden Seiten jeweils 5 Minuten braten. Entenlebern im Ofen warm stellen. Die Johannisbeeren (H) zu den Sesamsamen (F) in die Pfanne geben, kurz dünsten, dann mit Paprikapulver (F) würzen. Die Möhre (E) dazugeben. Sahne (E) unterrühren und 2 Minuten köcheln lassen. Mit Curry (M) und Salz (W) würzen. Die Sauce auf Tellern verteilen, die Lebern darauf setzen, mit den restlichen Johannisbeeren garnieren und dann servieren.

Zutaten für 2 Personen:
2 Entenlebern
200 g Johannisbeeren
1 Möhre
1 Knoblauchzehe
1/2 EL Süßrahmbutter
Pfeffer
1 TL Sesamsamen
1/2 TL Paprikapulver
1-2 EL Sahne
1 Prise Currypulver
Meersalz

Johannisbeeren

Die Beeren sind säurereich und enthalten viel Wasser. Der Körper wird durch sie mit reichlich Flüssigkeit versorgt, und das entspannt Leber und Gallenblase.

power

YIN
AUFBAU

Grünkernrisotto
gibt der Leber reichlich Energie
mit Rucola

Zutaten für 2 Personen: • 1 Möhre • 1 Zucchino • 200 g Grünkern • Pfeffer • 600 ml Gemüsebrühe • 1 unbehandelte Zitrone • 1 Bund Rucola • Paprikapulver • 1 EL Süßrahmbutter • Senf • Salz • Aceto balsamico

Möhre schälen. Möhre und Zucchino längs in Scheiben hobeln, dann quer stifteln. Grünkern (H) rösten (F). Gemüse (E) zugeben, pfeffern (M) und mit Gemüsebrühe (W) angießen. Etwas Zitronenschale (H) abschneiden und zugeben. Alles in 25 bis 30 Minuten garen. Rucola (F) waschen, trockenschütteln, kleinschneiden und hinzufügen. Paprikapulver (F) , Butter (E) , Senf (M), Salz (W) und etwas Essig (H) unterrühren.

power YANG-AUFBAU

Haselnuß-
köstlicher cremiger Brotaufstrich
Petersilien-Paste

Zutaten für 2 Personen: • 100 g Haselnüsse • 100 g Sesamsamen • 1 Bund glatte Petersilie • 1 Prise Paprikapulver • 1 EL Olivenöl • 1 Msp. Zimtpulver • Meersalz • Zitronensaft

Haselnüsse (H) und Sesamsamen (H) in den Mixer geben. Petersilie (H) waschen, trockenschütteln, die Blättchen von den Stengeln zupfen. Mit Paprikapulver (F), Olivenöl (E), Zimtpulver (M), Salz (W) und Zitronensaft (H) in den Mixer geben und mixen, bis eine homogene Paste entsteht.

power YANG-AUFBAU

Himbeer-
leicht, locker und cremig
schaum

Die Himbeeren (H) waschen, verlesen, einige Beeren zur Dekoration beiseite legen, dann in einen Topf geben. Rotwein (F) und Kakaopulver (F) dazugeben und erhitzen. Inzwischen die Vanilleschote (E) längs aufschlitzen, das Mark mit einem Messer herauskratzen, die Schote kleinschneiden. Mit der Ursüße (E) zu den Himbeeren geben und alles etwa 20 Minuten bei mittlerer Hitze bis auf die Hälfte einkochen lassen. Die Gelatine (E) mit den Pfefferkörnern (M) in eine Schale geben und mit Wasser (W) bedeckt einweichen. Die Gelatine ausdrücken und mit den Pfefferkörnern in den heißen Himbeeren

Zutaten für 2 Personen:
500 g Himbeeren
1/2 Glas Rotwein
1 Prise Kakaopulver
1 Vanilleschote
1 EL Ursüße (Reformhaus)
4 Blatt Gelatine
2 Pfefferkörner
300 g Sahne
Pfefferminzblätter

auflösen. Die Himbeeren in einer Schüssel im eiskalten Wasserbad abkühlen lassen. Sahne (W) steif schlagen und vorsichtig unter die kalten Himbeeren ziehen. Den Himbeerschaum im Kühlschrank etwa 3 Stunden kalt stellen. In Dessertschalen mit der Minze (H) und den restlichen Himbeeren garniert servieren.

power YANG-AUFBAU

Roter Camargue-
macht froh und glücklich
Reis mit Amarone

Den Camargue-Reis (F) in einen Topf geben und darin bei mittlerer Hitze (F) unter Rühren in 10 Minuten trocken rösten. Den Topf von der Kochstelle nehmen, den Amaronewein (F) sowie die Butter (E) dazugeben und bei schwacher Hitze aufkochen. Die Champignons (E) waschen, putzen, in Scheiben schneiden und ebenfalls zugeben. Mit Pfeffer (M) und Curry (M) würzen. Die Gemüsebrühe (W) angießen. Den Risotto in 25 Minuten garen. Mit Salz (W) und einigen Spritzern Zitronensaft (H) würzen. Auf Tellern oder in Schälchen anrichten und mit Basilikumblättchen (F) garniert servieren.

Zutaten für 2 Personen:
200 g roter Camargue-Reis
300 ml Amaronewein
1 EL Süßrahmbutter
200 g braune Champignons
Pfeffer
1 Prise Currypulver
120 ml Gemüsebrühe
Meersalz
Zitronensaft
Basilikumblätter

Der aromatische Pfiff

Amarone ist ein sehr kräftiger und starker Rotwein aus der italienischen Weinregion Venetien, der aus getrockneten Trauben gewonnen wird. Sie können ihn in gut sortierten Fachgeschäften kaufen.

YIN
AUFBAU

power

Geröstetes

natursüß durch Birne und Rosinen

Haferflocken-Müsli

Zutaten für 2 Personen: • 100 g Haferflocken • 2 TL Süßrahmbutter • 2 EL Sahne • 1 Williams-birne • 50 g Rosinen • 1 Prise Zimtpulver • Meersalz • Orangensaft • 1 Prise Kakaopulver

Haferflocken (F) ohne Fettzugabe unter Rühren etwa 5 Minuten bei mittlerer Hitze trocken rösten. Birne schälen und kleinschneiden. Butter (E), Sahne (E), Birne (E) und Rosinen (E) unterrühren. Geschlossen bei schwacher Temperatur 7 Minuten köcheln lassen. Mit Zimtpulver (M), Salz (W), etwas Orangensaft (H) und Kakao (F) würzen.

power

YIN-AUFBAU

Rucola-Salat

spendet dem Herzen notwendige Säfte

in Cidre-Dressing

Zutaten für 2 Personen: • 1 Zucchino • 1 Möhre • 2 Bund Rucola • 1 Zwiebel • 200 ml Apfelwein (Cidre) • Pfeffer • 2 EL Gemüsebrühe • Meersalz • 1 EL Crème fraîche • 1 Prise Paprikapulver

Zucchino und Möhre putzen, Möhre schälen. Beides längs in Scheiben hobeln, quer stifteln. Rucola waschen, abtropfen lassen und zerzupfen. Zwiebel schälen und würfeln. Apfelwein (H) aufkochen. Rucola (F), Gemüsestifte (E) und Zwiebel (M) zugeben und pfeffern (M) . Brühe (W) zugeben, alles 3 Minuten köcheln lassen und salzen (W). Crème fraîche (H) unterrühren und mit Paprikapulver (F) bestäuben.

power

YIN-AUFBAU

Chicorée mit
stellt dem Herzen Säfte bereit
Ziegenkäse

Den Chicorée putzen, halbieren und vom Strunk befreien. 1/2 l Wasser (W) mit dem Essig (H) aufkochen, den Chicorée (F) darin etwa 3 Minuten dünsten. Herausnehmen, abtropfen lassen, in eine feuerfeste Form legen und mit Paprikapulver (F) würzen. Den Backofen auf 150° vorheizen.

Je 1 Teelöffel Pesto (F) auf die Chicoréehälften geben. Butter (E) in Flöckchen darauf verteilen, Semmelbrösel (E) darüber streuen, mit Pfeffer (M) würzen. Die Schalotte (M) schälen, in feine Ringe schneiden und über dem Chicorée verteilen. Ziegenkäse (W) oder Roquefort (W) über dem Chicorée zerbröckeln. 2 Streifen Schale von der Zitrone (H) abschneiden, diese in feine lange Stifte schneiden und darüber streuen. Die Gurke (H) in dünne Scheiben hobeln und auf dem Käse verteilen. Im Ofen (Mitte) etwa 15 Minuten überbacken (F).

Zutaten für 2 Personen:
2 Chicorée
1 TL Weißweinessig
1 Prise Paprikapulver
4 TL Pesto (aus dem Glas)
1 EL Süßrahmbutter
2 EL Semmelbrösel
Pfeffer
1 Schalotte
100 g Ziegenkäse oder Roquefort
1 unbehandelte Zitrone
1 kleine Gärtnergurke

Chicorée

Der bittere Geschmack und der hohe Wassergehalt spenden dem Feuer-Element – Herz und Dünndarm – jede Menge Flüssigkeit, lösen Blockaden und steigern das Wohlbefinden.

power

YIN
AUFBAU

Lammrücken

mit knuspriger Kruste und zartem Fleisch

mit Rosmarin

Zutaten für 2 Personen:
800 g Lammrücken mit
Schwarte und Knochen
(vom Metzger auslösen lassen)
1 Zweig Rosmarin
1 EL Zitronensaft
1 Möhre
1 Knoblauchzehe
1 Zwiebel
4 Wacholderbeeren
400 g kleine Kartoffeln
2 Nelken
Pfeffer
2 EL Tomatenstücke

Die Hautseite des Lammrückens (F) rautenförmig einschneiden. Den Backofen auf 160° vorheizen. Eine große Pfanne bei mittlerer Hitze heiß werden lassen und das Fleisch mit der Hautseite nach unten in die Pfanne legen und mit Rosmarin (F) bestreuen. Das Fleisch in 12-15 Minuten kräftig anbraten, dann wenden, bei ausgeschalteter Herdplatte etwa 10 Minuten ziehen lassen, herausnehmen und abkühlen lassen. Wenn Sie weniger fett essen wollen, das Fett und die Schwarte abschneiden und in der Fettpfanne im Ofen bei 160° auslassen, dann den Ofen auf 70° zurück schalten.

Inzwischen für den Fond 1 1/2 l Wasser (W) mit dem Zitronensaft (H) zum Kochen bringen (F). Die Möhre waschen und schälen. Knoblauch und Zwiebel schälen. Die Kartoffeln gründlich waschen. Lammknochen (F), Wacholderbeeren (F), Möhren (E), Kartoffeln (E), Knoblauch (M), Zwiebel (M) und Nelken (M) zugeben und bei schwacher Hitze etwa 20 Minuten garen, dabei den Schaum abschöpfen. Die Kartoffeln pellen und im Lammfett braten. Dann herausnehmen und mit dem Fleisch im Ofen warm stellen. Den Bratensatz mit Pfeffer (M) würzen, mit Lammfond (W) ablöschen und aufkochen lassen. Mit den Tomaten (H) binden. Das Fleisch auf Tellern anrichten und mit der Sauce servieren.

power
YANG-AUFBAU

Rosenkohl mit

mit raffinierter Gewürzkomposition

Muskatbrösel

Den Rosenkohl waschen, putzen und halbieren. Die Muskatnuß mit einem Messer zerdrücken. Eine Pfanne bei schwacher Hitze erwärmen (F). Erst die Muskatbrösel (F), dann den Rosenkohl (F) und die Butter (E) in die Pfanne geben. Den Rosenkohl darin etwa 10 Minuten bei schwacher Hitze schmoren, dabei öfters umrühren.

Den Rosenkohl mit je 1 Prise Currypulver (M) und Senfpulver (M) würzen. 1–2 Eßlöffel Wasser (W), Essig (H), Paprikapulver (F) und Sahne (E) dazugeben. Den Rosenkohl in weiteren 2 Minuten bißfest garen.

Zutaten für 2 Personen:
300 g Rosenkohl
1/2 Muskatnuß
1 EL Süßrahmbutter
1 Prise Currypulver
1 Prise Senfpulver
1/2 EL Weinessig
1 Prise Paprikapulver
2 EL Sahne

Muskatbrösel leicht gemacht

Die Muskatnuß mit einem großen Messer vorsichtig habieren. Jede Hälfte mit der Schnittfläche nach unten auf ein Schneidebrett legen. Die Muskatnußhälften mit einem kleinen Messer in sehr in dünne Scheiben schaben. So ist der Geschmack dezenter.

power

YANG

AUFBAU

Aprikosen in Weißwein

yangbetontes und fruchtiges Dessert

Zutaten für 2 Personen: • 8 reife Aprikosen • 1/4 l Weißwein • 1 Zweig Majoran • 1 Vanilleschote • 2 EL Ursüße (Reformhaus) • 1 Chilischote • Meersalz • 1 unbehandelte Zitrone

Aprikosen waschen. Wein (H), Aprikosen (F) und Majoran (F) in einen Topf geben. Vanilleschote aufschlitzen, das Mark herauskratzen. Die Schote kleinschneiden. Vanille (E), Ursüße (E), Chilischote (M) und Salz (W) zugeben. Zitrone (H) waschen, in Scheiben schneiden, dazugeben und 3 Minuten köcheln lassen (F). Aprikosen herausnehmen, abkühlen lassen. Den Fond auf ein Drittel einkochen.

Yang-Aufbau

Feldsalat mit Basilikum

gibt dem Herzen Kraft und macht gute Laune

Zutaten für 2 Personen: • 200 g Feldsalat • 2 Bund Basilikum • 2 EL Aceto balsamico • 2 EL Olivenöl • 1 EL Sahne • Pfeffer • 1 EL Wasser • Meersalz

Den Feldsalat gründlich waschen und abtropfen lassen. Das Basilikum waschen, trockenschütteln, die Blättchen grob zerzupfen. Essig (H), Feldsalat (F) und Basilikum (F), Öl (E) und Sahne (F) in eine Schüssel geben. Mit Pfeffer (M), Wasser (W) und Salz (W) vermengen. Den Salat auf Tellern anrichten.

Yin-Aufbau

Buchweizen

gibt dem Herzen ausreichend Kraft

mit Salbeiblättern

Zutaten für 2 Personen:
200 g Buchweizen
24 Salbeiblätter
1 Zwiebel
1 EL Süßrahmbutter
Pfeffer
200 ml Gemüsebrühe
200 ml Weißwein
2 Wacholderbeeren
1 Eigelb
1 EL Mehl
2-3 EL Öl zum Ausbacken
1 EL Olivenöl

Den Buchweizen (F) in einem Topf bei mittlerer Hitze unter Rühren in 10 Minuten trocken rösten. 12 Salbeiblätter waschen, trockentupfen und kleinschneiden. Die Zwiebel schälen und würfeln. Salbei (F), Butter (E) und Zwiebelwürfel (M) zum Buchweizen geben. Mit Pfeffer (M) würzen. Brühe (W), Wein (H) und Wacholderbeeren (F) dazugeben. Den Buchweizen darin etwa 20 Minuten bei schwacher Hitze quellen lassen.

Für den Ausbackteig das Eigelb (E) mit dem Mehl (E) zu einem glatten Teig verrühren. Das Öl (E) in einer Pfanne erhitzen. Die restlichen Salbeiblätter durch den Teig ziehen und darin bei mittlerer Hitze ausbacken. Auf Küchenkrepp abtropfen lassen. Buchweizen und Salbeiblätter anrichten, das Olivenöl (E) darüber träufeln und servieren.

Salbei

Salbei ist durch seinen leicht bitteren, aber angenehm würzigen Geschmack und dem geringen Feuchtigkeitsgehalt in der Lage, den Herz-Funktionskreis (Herz-Dünndarm) mit ausreichend Kraft zu versorgen.

YANG
AUFBAU

power

Kürbis-
stärkt Ihr Erd-Element
gemüse

Vom Kürbis Kerne und Fasern entfernen. Das Fruchtfleisch in grobe Stücke schneiden. Die Kartoffeln waschen, schälen und ebenfalls in grobe Stücke schneiden. Die Zwiebel schälen und in feine Ringe schneiden.

Etwa 1 l Wasser (W) und mit dem Zitronensaft (H) in einem Topf erhitzen. Wacholderbeeren (F), Kartoffeln (E), Kürbisstücke (E), Zwiebelringe (M), Salz (W), Zitronenschale (H), Paprikapulver (F) und Majoran (F) zugeben und zugedeckt bei schwacher Hitze etwa 30 Minuten kochen lassen.

Das verbliebene Wasser abgießen. Butter (E) und Sahne (E) unterrühren. Mit Pfeffer (M), Curry (M) und Salz (W) würzen. Das Kürbisgemüse mit dem Kartoffelstampfer grob zerstoßen.

Zutaten für 2 Personen:
750 g Muskatkürbis
300 g mehlige Kartoffeln
1 Zwiebel
1 EL Zitronensaft
4 Wacholderbeeren
1 Prise Meersalz
etwas Schale von 1 unbehandelten Zitrone
1 Prise Paprikapulver
1 Zweig Majoran
2 EL Süßrahmbutter
4 EL Sahne
Pfeffer
1 Prise Currypulver

✴ Fitmacher Kürbis

Das Fruchtfleisch von Kürbis ist sehr reich an Wasser und Ballaststoffen und wirkt deshalb verdauungsfördernd. Auf ideale Weise befeuchtet und stärkt Kürbis das Erd-Element (Magen, Milz und Pankreas).

YIN
AUFBAU

power

Brauner

erfrisch und belebt bei Müdigkeit

Champignon-Salat

Die Champignons (E) waschen, putzen und in hauchdünne Scheiben schneiden. Die Scheiben in Blütenform auf zwei Tellern anrichten. Die Möhre (E) waschen, schälen und längs in dünne Scheiben hobeln. Die Scheiben in feine Streifen schneiden, dann die Streifen über den Champignons verteilen. Je 1 Eßlöffel Olivenöl (E) darüber träufeln. Die Schalotte (M) schälen, sehr fein würfeln und über die Möhren streuen. Das Gemüse mit Pfeffer (M) und Salz (W) würzen. Je 1/2 Eßlöffel Essig (H) darüber träufeln. Etwas Zitronenschale (H) kleinschneiden, mit Paprika (F) auf den Salat streuen. Je 1 Eßlöffel Birnensaft (E) darüber träufeln und mit Schnittlauchröllchen (M) bestreut servieren.

Zutaten für 2 Personen:
10 braune Champignons
1/2 Möhre
2 EL Olivenöl
1 Schalotte
Pfeffer
Meersalz
1 EL Weißweinessig
Schale von 1 unbehandelten Zitrone
1 Prise Paprikapulver
2 EL Birnensaft
2 EL Schnittlauchröllchen

Ligurisches Olivenöl

Die vielen Olivensorten bieten unterschiedliche Geschmacksrichtungen. Die Palette reicht von weich, mild über fruchtig bis kräftig und herb. Jemand, der normalerweise den Geschmack von Olivenöl nicht zu schätzen weiß, wird bei dem mildesten aller Olivenöle, dem ligurischen, ein positives Geschmackserlebnis haben.

power

YIN
AUFBAU

Feldsalat mit
Avocado und Mango

sehr fein mit mildem Olivenöl aus Ligurien

Die Orange waschen und gut abtrocknen. Etwas Schale in feinen Spänen abziehen. Die Orange schälen, dabei auch die weiße Haut vollständig entfernen. Die Fruchtfilets dann zwischen den Trennhäuten herausschneiden. Salatherzen putzen, waschen und zerpflücken. Die Tomaten über Kreuz einritzen und für einige Sekunden in kochendes Wasser legen, herausheben, häuten, halbieren, entkernen, von den Stielansätzen befreien und kleinschneiden, dabei den Tomatensaft auffangen. Den Feldsalat waschen und abtropfen lassen. Die Möhre waschen, schälen und in feine Stifte schneiden. Die Mango schälen, das Fruchtfleisch vom Stein schneiden und in Streifen schneiden. Die Avocado halbieren, vom Kern befreien, die Hälften schälen und in Scheiben schneiden. Die Schalotten schälen und in feine Ringe schneiden. Die Frühlingszwiebeln putzen, waschen und schräg in Stücke schneiden.

Orangenfilets (H), Salatherzen (H), Tomaten (H), Feldsalat (F), Möhrenstifte (E), Mangostreifen (E), Avocadoscheiben (E), Olivenöl (E), Schalottenringe (M) und Frühlingszwiebeln (M) in einer Schüssel mit Salz (W), Tomatensaft (W), Essig (H), Crème fraîche (H), Paprikapulver (F) und Sahne (E) mischen.

Zutaten für 2 Personen:
1 unbehandelte Orange
2 Salatherzen
2 Tomaten
50 g Feldsalat
1 Möhre
1 reife Mango
1 reife Avocado
3 EL ligurisches Olivenöl
2 Schalotten
1 Bund Frühlingszwiebeln
Meersalz
2 EL Aceto balsamico
1 EL Crème fraîche
1 Prise Paprikapulver
2 EL Sahne

power

YIN-AUFBAU

Linguine mit Gemüsestreifen

auch bei Kindern sehr beliebt

Zutaten für 2 Personen:
1 kleiner Zucchino
1 Möhre
1 Petersilienwurzel
1/2 Stange Lauch
1 EL Weinessig
250 g Linguine
Meersalz
200 g Emmentaler am Stück
3 EL passierte Tomaten (Fertigprodukt)
1 Prise Paprikapulver
1 EL Süßrahmbutter

Den Zucchino waschen, putzen und längs in dünne Scheiben hobeln, diese quer in dünne Streifen schneiden. Möhre und Petersilienwurzel waschen, schälen, längs in dünne Scheiben hobeln und diese ebenfalls in Streifen schneiden. Den Lauch längs halbieren und waschen. Die Lauchhälften längs in dünne Streifen schneiden.

Etwa 1 l Wasser (W) mit Salz (W) und Essig (H) in einem Topf zum Kochen bringen (F). Die Linguine (E), Zucchini (E), Möhren (E), Petersilienwurzel (E) und Lauchstreifen (M) darin in 5–6 Minuten garen. Inzwischen den Emmentaler reiben. Die Gemüsenudeln in einem Sieb abgießen, mit Salz (W) abschmecken. Tomaten (H), Paprikapulver (F) und Butter (E) mit den Gemüsenudeln vermischen. Die Linguine auf zwei Tellern verteilen, mit dem Käse (E) bestreuen und sofort servieren.

power YIN-AUFBAU

Maisgemüse mit

beliebt bei Groß und Klein

Petersilienwurzel

Die Petersilienwurzeln (E) waschen, schälen, längs in Scheiben hobeln und diese quer in Streifen schneiden. Die Schalen in einen großen Topf geben. Die Frühlingszwiebeln putzen, waschen, schräg in Rauten schneiden und beiseite legen. Die Maiskolben (E) putzen und zu den Schalen geben. Die Zwiebel (M) schälen und ebenfalls dazugeben. Die Pfefferkörner (M), 1 l Wasser (W), den Essig (H) und die Wacholderbeeren (F) darin in etwa 20 Minuten bei schwacher Hitze garen. Den Mais abkühlen lassen und die Körner ablösen.

Eine Pfanne heiß werden lassen und die Butter (E) darin schmelzen. Die Petersilienwurzel (E) darin 4–5 Minuten anbraten. Maiskörner (E) und Frühlingszwiebeln (M) zugeben. Mit Curry (M), Pfeffer (M) und Salz (W) würzen. Tomaten waschen, vierteln und vom Stielansatz befreien. Den Rucola waschen und kleinschneiden. Tomaten (H), Rucola (F) und Sahne (E) zugeben, etwa 1 Minute köcheln lassen. Auf Tellern anrichten und servieren.

Zutaten für 2 Personen:
4 Petersilienwurzeln
1 Bund Frühlingszwiebeln
4 Maiskolben
1 Zwiebel
10 Pfefferkörner
1 EL Weinessig
2 Wacholderbeeren
1 EL Süßrahmbutter
1 Prise Currypulver
Pfeffer
Meersalz
4 Kirschtomaten
1 Bund Rucola
1 EL Sahne

Petersilienwurzel

Petersilienwurzel ist natursüß und stärkt Magen, Milz sowie Pankreas. Heißhunger vermeiden Sie, wenn Sie Ihr Erd-Element mit ausreichend Natursüße pflegen. Deshalb sollten Lebensmittel mit natürlicher Süße Vorrang haben.

power

YANG

AUFBAU

Hirsesalat mit

balanciert Energieungleichgewichte aus

Spargel und Kapern

Einen Topf bei mittlerer Hitze erwärmen (F). Die Hirse (E) einrieseln lassen und darin unter Rühren in etwa 12 Minuten trocken rösten, bis sie leicht dampft und duftet.

Den grünen Pfeffer (M), die Gemüsebrühe (W), die Zitronen-schale (H) und den Pesto (F) unterrühren. Alles bei schwacher Hitze 20 Minuten köcheln lassen. Die Herdplatte abschalten, dann die Hirse noch weitere 10 Minuten quellen lassen. Inzwischen den Spargel (F) waschen, putzen, sorgfältig schälen und schräg in drei Stücke schneiden. Die Spargelstücke in eine Pfanne geben, Butter (E) zugeben und darin bei mittlerer Hitze 3-4 Minuten braten.

Die Hirse und den Spargel in eine Schüssel geben. Das Olivenöl (E) darüber träufeln. Mit Curry (M), Pfeffer (M) und Salz (W) würzen. Die Tomaten (H) waschen, vierteln, dabei vom Stielan-satz befreien und zufügen. Die Kapern (F) und die Sahne (E) un-terziehen. Den Salat auf Tellern anrichten und servieren.

Zutaten für 2 Personen:
300 g Hirse
2 EL grüner Pfeffer
700 ml Gemüsebrühe
etwas Schale von 1 unbehan-delten Zitrone
1 EL Pesto (aus dem Glas)
500 g Spargel
1 EL Süßrahmbutter
1 EL ligurisches Olivenöl
1 Prise Currypulver
Pfeffer, Meersalz
10 Kirschtomaten
1 EL Kapern (in Öl)
1 EL Sahne

Hirse

Hirse ist ein typisches Lebensmittel aus dem neutralen-thermischen Bereich. Es verteilt Energie auf der Yin- und Yangseite und gleicht auf diese Weise Energien aus. Es nimmt Energie bei Fülle und spendet bei Mangel.

power

YANG

AUFBAU

Fenchel-Paprika-gemüse

stärkt besonders die Milz

Die Fenchelknolle waschen, putzen, halbieren und in Streifen schneiden.
Die Paprikaschote mit dem Sparschäler schälen, halbieren, von Stielansatz,
Kernen und Trennhäutchen befreien, dann würfeln.
Die Möhre waschen, putzen, schälen und in schmale
Streifen schneiden. Die Kartoffel waschen, schälen
und würfeln. Den Lauch längs halbieren, waschen
und in Halbringe schneiden. Die Schalotte schälen,
halbieren und ebenfalls in Halbringe schneiden.
Eine Pfanne bei mittlerer Hitze (F) heiß werden lassen. Die Butter (E) darin schmelzen. Fenchel (E), Paprika (E), Möhre (E), Kartoffeln (E), Lauch (M) und Schalotte (M) darin etwa 5 Minuten dünsten. Die Gemüsebrühe (W) angießen und zugedeckt 15 Minuten
köcheln lassen. Zitronenschale (H), Crème fraîche (H),
Paprikapulver (F) und Sahne (E) unterziehen. Mit
Pfeffer (M) und Salz (W) abschmecken und servieren.

Zutaten für 2 Personen:

1 große Fenchelknolle
1 rote Paprikaschote
1 Möhre
1 große Kartoffel
1/2 Stange Lauch
1 Schalotte
1 EL Süßrahmbutter
1/2 l Gemüsebrühe
Schale von 1/2 unbehandelten
Zitrone
1 EL Crème fraîche
1 Prise Paprikapulver
1 EL Sahne
Pfeffer
Meersalz

power YANG-AUFBAU

Süßgekochtes
Wasser

das beste Lebenselixier für den Körper

Das Wasser (W) mit der Zitronenschale (H) und den Wacholderbeeren (F) in einem großen Topf mit Deckel zum Kochen bringen und bei mittlerer Hitze 15 Minuten kochen. Die Herdplatte ausschalten und das Wasser etwa 20 Minuten stehen lassen, bis sich die Mineralien und Salze auf dem Topfboden abgesetzt haben.

Trinkmenge für 2 Personen:
5 l Wasser
etwas Schale von
1 unbehandelten Zitrone
1 Wacholderbeere

Das Wasser in Thermoskannen warm halten und die gesamte Menge mehrmals über den Tag verteilt warm oder zimmerwarm trinken. Es stellt auf ideale Weise dem Körper Flüssigkeit zur Verfügung, befeuchtet die Lungen und entschlackt durch Osmosewirkung den Körper.

Wer das Wasser nicht nur pur trinken möchte, kann den Geschmack mit Obstessig, Sojasauce, Algen, Anis oder Kardamomkörnern variieren.

 ### Misosuppe zum Frühstück

1–2 Teelöffel Misopaste (W) aus dem Asienladen oder Reformhaus in eine Tasse geben. Je nach Geschmack ein paar Algenblätter dazugeben und mit 2–3 Eßlöffeln süßgekochtem Wasser glattrühren. Mit heißem süßgekochtem Wasser auffüllen und schlückchenweise trinken. Misosuppe können Sie mit Meerrettich, Korianderblättern oder mit Petersilie nach Belieben variieren.

power

YIN

AUFBAU

Safran-

schmeckt als Beilage zu Gemüse

Duftreis

Zutaten für 2 Personen: • 1 Möhre • 1 Petersilienwurzel • 1 Schalotte • 2 EL Süßrahmbutter

• 250 g Basmatireis • 1 Sternanis • 1 unbehandelte Zitrone • Safranfäden • Pfeffer • Meersalz

Möhre und Petersilienwurzel putzen, schälen und hobeln. Schalotte schälen und würfeln. Einen

Topf erwärmen (F). 1 Eßlöffel Butter (E) darin schmelzen. Petersilienwurzel (E), Schalotte (M), Reis

(M) und Sternanis (M) darin 5 Minuten rösten. 1 1/2 l Wasser (W) angießen. Zitrone (H) dünn ab-

schälen, Schalen mit Safran (F) zum Reis geben und 10 Minuten garen. Herdplatte ausschalten.

Reis 6 Minuten quellen lassen. Restliche Butter (E) dazugeben, pfeffern (M) und salzen (W).

YIN-AUFBAU

Brunnenkresse-

herzhaft und interessant

Salat

Zutaten für 2 Personen: • 1 Orange • Paprikapulver • Rohrzucker • 1 Möhre • 2 Bund Brunnenkresse

• 1 Bund Frühlingszwiebeln • 1 EL Weinessig • 1 Bund Rucola • 1 EL Süßrahmbutter • Meersalz

Orangenschale abschneiden, in Streifen schneiden, Saft auspressen. Paprika (F), Zucker (E) und

Orangenstreifen (E) mischen. Möhre schälen und hobeln. Brunnenkresse waschen und klein-

schneiden. Frühlingszwiebeln putzen und schräg in Stücke schneiden. 100 ml Wasser (W), Essig

(H) und Orangensaft (H) aufkochen (F). Rucola (F) waschen und kleinschneiden. Butter (E),

Orangenschale (E), Möhren (E), Kresse (M) und Frühlingszwiebeln (M) zufügen, 3 Minuten garen

und salzen (W). **YIN-AUFBAU**

Gefüllte

befeuchtet auf ideale Weise die Lunge

Gemüsezwiebel

Den Backofen auf 150° vorheizen. Die Gemüsezwiebeln (M) schälen, jeweils einen Deckel abschneiden und mit Deckel in eine feuerfeste Form setzen. 4 Eßlöffel Wasser (W) angießen und etwas Zitronenschale (H) hinzufügen. Die Zwiebeln im Ofen (unten) etwa 15 Minuten garen (F), dann herausnehmen. Für die Füllung das Innere herauslösen, fein hacken und in eine Schüssel geben. Mit Paprikapulver (F) würzen. Das Brot (E) klein würfen und mit der Sahne (E) dazugeben. Den Schnittlauch waschen, trockenschütteln und in Röllchen schneiden. Die Schnittlauchröllchen (M) zu den Zwiebelwürfeln geben. Mit Pfeffer (M), Korianderkörnern (M) und Salz (W) würzen. Den Spinat (H) waschen und verlesen, von groben Stielen befreien und hacken. Die restliche Zitronenschale (H) fein würfeln. Beides unter die Zwiebelmasse mischen. Die Zwiebeln mit der Füllung füllen und im Backofen (unten) bei etwa 120° in 20 Minuten fertiggaren (F).

Zutaten für 2 Personen:

4 große Gemüsezwiebeln

Schale von 1/2 unbehandelten Zitrone

1 Prise Paprikapulver

1 Scheibe altes Brot

2 EL Sahne

1 Bund Schnittlauch

Pfeffer

12 Korianderkörner

Meersalz

50 g Blattspinat

Gemüsezwiebel

Unter thermischen Gesichtspunkten betrachtet, ist die Gemüsezwiebel kalt und befeuchtet mit ihren Säften den Funktionskreis Lunge-Dickdarm.

YIN

AUFBAU

power

Würzige Hühner-
spießchen

mit Erdnußsauce eine beliebte asiatische Köstlichkeit

Zutaten für 2 Personen:
2 Hühnerbrüstchen
4 Knoblauchzehen
2 Stengel Zitronengras
1 Stück Ingwer (1 cm)
100 ml helle Sojasauce
abgeriebene Schale von
1 unbehandelten Zitrone
2 EL Birnensaft
12 Korianderkörner
1 Sternanis, 4 Holzspieße
etwas Öl
1 EL Süßrahmbutter
10 Pfefferkörner
2 EL Erdnußcreme
1 EL Weinessig
1 Prise Paprikapulver
2 EL Sahne
Pfeffer
Meersalz

Das Fleisch klein würfeln. Knoblauchzehen (M) schälen, kleinschneiden und mit den Fleischwürfeln (M) in eine Schüssel geben. Zitronengras waschen und Ingwer schälen. Beides in Scheiben schneiden. Sojasauce (W), Zitronenschale (H), Zitronengras (F), Birnensaft (E), Korianderkörner (M), Ingwer (M), Sternanis (M) mit dem Fleisch vermengen und die Schüssel abdecken. Das Fleisch mindestens 5 Stunden marinieren, dabei öfters wenden.

Die Holzspieße einige Minuten in Öl legen. Fleisch, Zitronengras und Ingwer abwechselnd auf die Spieße stecken. Den Backofen auf 120° vorheizen.

Eine Pfanne bei schwacher Hitze heiß werden lassen (F). Die Butter (E) darin schmelzen, Pfefferkörner (M) zufügen. Hühnerspießchen darin in 12 Minuten rundherum anbraten, herausnehmen und im Ofen warm halten. Die Erdnußcreme (M) zum Bratensatz geben, 200 ml Wasser (W) sowie die Marinade unterrühren. Mit Essig (H), Paprikapulver (F) und Sahne (E) verrühren. Die Sauce mit Pfeffer (M) und Salz (W) würzen und zu den Spießchen servieren.

power YANG-AUFBAU

Lauchgemüse

stärkt besonders Lunge und Dickdarm

mit Kartoffeln

Zutaten für 2 Personen:
4 große Kartoffeln
2 Möhren
2 Stangen Lauch
1 Zwiebel
2 Knoblauchzehen
4 Pimentkörner
2 Lorbeerblätter
2 EL Weinessig
1 Zweig Estragon
2 Wacholderbeeren
100 ml Vollmilch
100 g Sahne
1/2 EL Süßrahmbutter
Pfeffer, Meersalz

Die Kartoffeln und Möhren waschen, schälen und in grobe Würfel schneiden. Den Lauch putzen, längs halbieren, waschen und in Halbringe schneiden. Die Zwiebel schälen und grob würfeln. Den Knoblauch schälen.

Kartoffeln (E), Möhren (E), Lauch (M) und Zwiebeln (M) in einen Topf geben. Pimentkörner (M), Knoblauch (M), Lorbeerblätter (M), 1 Liter Wasser (W), Essig (H), Estragon (H) und Wacholderbeeren (F) zum Gemüse in den Topf geben und das Gemüse zum Kochen bringen. Bei schwacher Hitze in 20 Minuten fertiggaren.

Das Wasser abgießen. Milch (E), Sahne (E) und Butter (E) dazugeben. Das Lauchgemüse mit dem Kartoffelstampfer grob stampfen. Mit Pfeffer (M) und Salz (W) würzen. Das Lauchgemüse auf Tellern anrichten und servieren.

Lauch

Dieses Lauchgemüse ist ein Kraftspender für Lunge und Dickdarm. Als Brei zubereitet – fein gestampft und mit etwas mehr Flüssigkeit – ist das Gericht gleichzeitig ein Feuchtigkeitsspender.

YANG

AUFBAU

power

Sellerieheu

ein kulinarischer Höhepunkt

auf Rübchen

Den Backofen auf 120° vorheizen. Den Knollensellerie waschen, schälen, in grobe Stücke teilen und mit dem Juliennehobel oder in der Küchenmaschine zu Streifen schneiden. Die Zitrone auspressen. Die Selleriestreifen (M) salzen (W) und mit dem Zitronensaft (H), bis auf 1 Eßlöffel, säuern. Mit Paprikapulver (F) würzen. Die Selleriestreifen im Backofen (unten, Umluft 100°) etwa 1 Stunde 15 Minuten trocknen lassen. Die Teltower Rübchen waschen, schälen und halbieren oder vierteln. Knoblauch schälen, die Schalotte schälen und vierteln. Eine Pfanne bei mittlerer Hitze heiß werden lassen (F), die Butter (E) darin schmelzen. Die Rübchen (M) mit Knoblauch (M) und Schalottenvierteln (M) 5 Minuten schmoren. Mit Pfeffer (M) würzen. Die Gemüsebrühe (W) und den restlichen Zitronensaft (H) angießen. Die Creme fraîche (H) unterrühren, mit Paprikapulver (F) abschmecken und fertiggaren. Das Sellerieheu mit den Rübchen auf Tellern anrichten.

Zutaten für 2 Personen:
1 Knollensellerie
1 Zitrone
Meersalz
1 Prise Paprikapulver
8 Teltower Rübchen
oder Navetten
1 Knoblauchzehe
1 Schalotte
1 EL Süßrahmbutter
weißer Pfeffer
100 ml Gemüsebrühe
1 EL Crème fraîche

Teltower Rübchen

Teltower Rübchen und Knollensellerie – unschlagbar in dieser Kombination. Teltower Rübchen oder Navetten, die französische Variante, sind aus thermischer Sicht kalt und befeuchten, während der getrocknete Knollensellerie Lunge und Darm Kraft gibt und neue Energie spendet.

power

YANG
AUFBAU

Waller

stärkt die Nierenfunktion

im Wurzelsud

Möhren (E) und Petersilienwurzeln (E) waschen und schälen, in Scheiben und diese in Streifen schneiden. Lauch (M) putzen, längs halbieren, waschen und in Streifen schneiden. Sellerie (M) schälen und in Streifen schneiden. Schalotten und Knoblauch schälen. Schalotte in feine Ringe schneiden. Gemüsestreifen (E/M) und Schalottenringe (M) mit 10 Korianderkörnern (M) und Knoblauch (M) in einen Topf geben. Das Gemüse knapp mit Wasser (W) bedecken. Das Welsfilet (W) obenauf legen und salzen (W). Essig (H) und Wacholderbeeren (F) zugeben. Den Backofen auf 70° vorheizen. Gemüse und Fisch bei schwacher Hitze 8–9 Minuten garen.

Das Welsfilet warm stellen. Den Wurzelsud 30 Minuten einkochen. Butter (E), Sahne (E), die restlichen Korianderkörner (M) und den Senf (M) unterrühren. Mit Pfeffer (M) und Salz (W) abschmecken.

Zutaten für 2 Personen:
4 Möhren
2 Petersilienwurzeln
1 Stange Lauch
1 Stück Knollensellerie
2 Schalotten
2 Knoblauchzehen
1 TL Korianderkörner
300 g Welsfilet (Waller)
Meersalz
1 EL Weißweinessig
4 Wacholderbeeren
1 EL Süßrahmbutter
2 EL Sahne
1 EL Dijonsenf, Pfeffer

✳ Wels oder Waller

Dieser Süßwasserfisch wird überall in Deutschland in guter Qualität gezüchtet. Erkundigen Sie sich, ob es in Ihrer Nähe eine Fischzucht gibt. Wenn nicht, dann achten Sie beim Kauf im Fischgeschäft darauf, daß er auch wirklich frisch ist. Wels stärkt sowohl die Nieren als auch die Blase.

YIN

AUFBAU

power

Linsensuppe

schmeckt mit gebräunter Butter besonders gut

mit Rosmarin

Zutaten für 2 Personen:
200 g kleine braune Linsen
1 EL Weinessig
4 Wacholderbeeren
1 Zweig Rosmarin
2 Kartoffeln
2 Möhren
1 große Zwiebel
1/2 Stange Lauch
Pfeffer, Meersalz
1 EL Crème fraîche
1 Prise Paprikapulver
2 EL Sahne

Die Linsen (W) in einer Schüssel mit reichlich Wasser (W) bedeckt über Nacht einweichen. Die Linsen mit dem Einweichwasser in einen Topf geben und 1 l Wasser (W) dazugießen. Essig (H), Wacholderbeeren (F) und Rosmarin (F) hinzufügen und alles bei schwacher Hitze etwa 1 Stunde köcheln lassen.

Inzwischen die Kartoffeln und Möhren waschen, schälen und würfeln. Den Lauch putzen, waschen und in Ringe schneiden.

Kartoffeln (E), Möhren (E) und Lauch (M) zur Suppe geben. Die Suppe mit Pfeffer (M) würzen und weitere 20 Minuten kochen.

Salz (W), Crème fraîche (H), Paprikapulver (F) und Sahne (E) unterrühren. Die Suppe auf tiefe Teller verteilen und nach Belieben mit gebräunter Butter servieren.

power **Yin-Aufbau**

Geschmortes
durch Salbei mit besonderer Note
Rotkraut

Den Rotkohl (W) von den äußeren Blättern und dem Strunk befreien. Den
Kohl vierteln, in Streifen schneiden und in einen Topf geben. Die Muskatnuß mit dem Messer schaben. Die Schalotten
schälen und vierteln. 2 Eßlöffel Essig (H), Weißwein
(H), Paprikapulver (F), Muskat (F) und Salbeiblätter (F)
zum Kohl geben.

Den Rotkohl bei schwacher Hitze erhitzen. Dann
nacheinander Butter (E), Sahne (E), Piment- (M) und
Korianderkörner (M), Lorbeerblätter (M), Schalotten-
viertel (M), Nelke (M) und Zimt (M) unterrühren. Den
Rotkohl zugedeckt bei schwacher Hitze in 20 Minuten garen, dabei öfters umrühren.

Inzwischen die Petersilie waschen, trockenschütteln
und hacken. Zum Schluß den Rotkohl mit Salz (W),
Crème fraîche (H) und 1 TL Essig (H) abschmecken.
Mit Petersilie (H) bestreut servieren.

Zutaten für 2 Personen:
1/2 Rotkohl
1/2 Muskatnuß
4 Schalotten
3 EL Aceto balsamico
1 Glas Weißwein
1 TL Paprikapulver
8 Salbeiblätter
2 EL Süßrahmbutter
2 EL Sahne, 6 Pimentkörner
12 Korianderkörner
3 Lorbeerblätter
1 Nelke
1 Prise Zimtpulver
1/2 Bund glatte Petersilie
Meersalz
1 EL Crème fraîche

Yin-Aufbau

Kichererbsenmus

hervorragend geeignet als Brotaufstrich

mit Sesam

Zutaten für 2 Personen:
200 g Kichererbsen
1 EL Zitronensaft
1 Prise Paprikapulver
2 Knoblauchzehen
1 Bund glatte Petersilie
Olivenöl
Pfeffer
100 g geschälte Sesamsamen
Meersalz
4-6 Scheiben Salatgurke
2 EL schwarze Oliven

Die Kichererbsen (W) in einer Schüssel in reichlich Wasser über Nacht einweichen. Die Kichererbsen mit dem Einweichwasser, Zitronensaft (H) und Paprikapulver (F) in einem Topf bei schwacher Hitze 1 Stunde köcheln, dann abkühlen lassen.

Inzwischen den Knoblauch schälen. Die Petersilie waschen, trockenschütteln und die Blättchen von den Stielen zupfen.

4 Eßlöffel Olivenöl (E), Knoblauch (M), Pfeffer (M), Sesamsamen (W), Kichererbsen (W), Salz (W) und Petersilie (H) im Mixer pürieren, bis eine homogene Paste entsteht. Das Kichererbsenmus auf Tellern anrichten, in der Mitte eine Vertiefung eindrücken, mit Gurkenscheiben (H) und Oliven (F) garnieren und Paprikapulver (F) darüber streuen. In die Vertiefung nach Belieben Olivenöl (E) geben. Dazu schmeckt knusprig aufgebackenes Fladenbrot.

Kichererbsen häuten

Zarter und feiner wird das Kichererbsenmus, wenn die Kichererbsen vor dem Pürieren einzeln von den Häuten befreit werden. Dies ist zwar mühsam, aber der Aufwand lohnt sich.

power

YIN
AUFBAU

Fenchelpüree mit

butterweich und knusprig zugleich

Auberginenchips

Zutaten für 2 Personen:
2 Kartoffeln
2 Fenchelknollen
4 Möhren
1 Zwiebel
3 Knoblauchzehen
2 EL Süßrahmbutter
6 Pfefferkörner
1 Prise Currypulver
1 EL Weinessig
1 Prise Paprikapulver
1 mittelgroße Aubergine
2 EL Öl zum Ausbacken
Pfeffer
Meersalz

Die Kartoffeln waschen, schälen und würfeln. Die Fenchelknollen waschen, putzen, halbieren und in Streifen schneiden. Die Möhren waschen, schälen und in Scheiben schneiden. Die Zwiebel und den Knoblauch schälen. Die Zwiebel in Würfel schneiden. 1 Eßlöffel Butter (E) in einem Topf schmelzen lassen. Kartoffeln (E), Fenchel (E), Möhren (E), Zwiebeln (M), Pfefferkörner (M), 1 Knoblauchzehe (M), Currypulver (M), 300 ml Wasser (W), Essig (H) sowie Paprikapulver (F) in einen Topf geben und alles bei schwacher Hitze in 25 Minuten garen.

Inzwischen die Aubergine waschen, putzen und in dünne Scheiben schneiden. Die restliche Butter (E) zum Gemüse geben und das Gemüse zerstampfen. Mit Pfeffer (M) und Salz (W) würzen.

Ein Pfanne (F) erhitzen, das Öl (E) darin heiß werden lassen. Die restlichen Knoblauchzehen (M) zugeben. Die Auberginenscheiben (W) darin knusprig ausbacken. Die Auberginenchips salzen (W). Das Püree auf Tellern anrichten, die Chips ins Püree stecken und servieren.

power
YANG-AUFBAU

Auf der Haut

schmeckt mit Barschfilet aus dem Süß- oder Salzwasser

gebratener Barsch

Das Barschfilet waschen, trockentupfen und die Haut in Rauten einschneiden. Die Filets teilen. Den Backofen auf 70° vorheizen. Eine gußeiserne Pfanne bei schwacher Hitze erwärmen (F), die Butter (E) darin schmelzen lassen. Pfeffer (M) in die Butter geben und die Pfanne hin und her schwenken. Die Fischfilets (W) mit der Haut nach unten in die Pfanne legen und nur auf der Hautseite 8 Minuten braten. Die Filets auf der Hautseite mit Salz (W) würzen und mit der Haut nach oben warm stellen.

Inzwischen die Fenchelknollen waschen, putzen und in Streifen schneiden. Den Rucola waschen, trockenschütteln und in Stücke zupfen. Den Fischfond (W) in die Pfanne gießen, die Crème fraîche (H) unterrühren. Den Rucola (F) und den Fenchel (E) in der Sauce dünsten. Mit Curry (M), Pfeffer (M) und Salz (W) abschmecken. Die Sauce auf Tellern verteilen. Den Fisch mit der Haut nach oben darauf setzen und servieren.

Zutaten für 2 Personen:
300 g Barschfilet mit Haut
(z.B. Seewolf, Eglifilet)
1 EL Süßrahmbutter
Pfeffer, Meersalz
2 Fenchelknollen
1 Bund Rucola
100 ml Fischfond
(aus dem Glas)
2 EL Crème fraîche
1 Prise Currypulver

Auf den Punkt genau gegart

Bei dieser Zubereitungsmethode wird der Fisch nur von einer Seite angebraten. Er ist gar, wenn am höchsten Punkt nur noch ein zart glasiger Strich zu sehen ist. Beim Braten können Sie beobachten, wie der Fisch von unten nach oben gart.

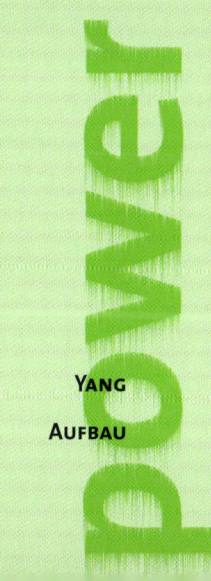

YANG

AUFBAU

power

Terrine vom
Bachsaibling

schmeckt sehr gut als Vorspeise

Die geräucherten Saiblinge oder Forellen (W) von der Haut befreien, entgräten und in eine Schüssel geben. Den Fisch darin mit einer Gabel zerpflücken. Die Petersilie waschen, trockenschütteln, die Blättchen von den Stengeln zupfen und sehr fein hacken. Die Schalotte schälen und in feine Würfel schneiden. Die Eier in 4 Minuten wachsweich kochen, kalt abschrecken und pellen.

Dann Zitronensaft (H), Crème fraîche (H), Petersilie (H), Paprikapulver (F) und Butter (E) zum Fisch geben. Die Eier halbieren und nur die weichen Eigelbe (E) dazugeben. Mit Pfeffer (M), Currypulver (M), Schalottenwürfel (M) und Salz (W) kräftig würzen.

Alles nochmals mit einer Gabel zerdrücken und gut vermischen. Die Fischmasse in eine Kastenform oder 2 Förmchen füllen und 2 Stunden im Kühlschrank kalt stellen.

Zutaten für 2 Personen:
2 frisch geräucherte Bachsaiblinge oder Forellen
1 Bund glatte Petersilie
1 Schalotte
4 Eier
1 EL Zitronensaft
2 EL Crème fraîche
Paprikapulver
1 EL Süßrahmbutter
Pfeffer
Currypulver
Meersalz

Je frischer der Fisch ...

Die Terrine schmeckt noch besser, wenn der Saibling oder die Forelle ganz frisch und noch warm vom Räuchern ist. Wer mag, kann den Fisch auch vor der Zubereitung kurz im Ofen erwärmen.

YANG

AUFBAU

power

Register
Feng Shui in der Küche

Abkürzungen

TL	= Teelöffel	kcal	= Kilokalorien
EL	= Eßlöffel	EW	= Eiweiß
Msp.	= Messerspitze	F	= Fett
		KH	= Kohlenhydrate

Impressum

Redaktion: Ina Schröter
Lektorat: Dipl. oec. troph. Maryna Zimdars
Umschlaggestaltung: independent Medien-Design, Claudia Fillmann
Innenlayout: Heinz Kraxenberger
Herstellung: Helmut Giersberg
Fotos: FoodPhotography Eising, München
Satz: Johannes Kojer
Reproduktion: Repro Schmidt, Dornbirn
Druck: Appl, Wemding
Bindung: Sellier, Freising
ISBN: 3-7742-1476-X

Auflage: 5. 4. 3. 2. 1.
Jahr: 03 02 01 2000 99

Ein Dankeschön für die Unterstützung bei der Fotoproduktion:
Adornetto (Kirchheim)
Boss elitaire (Balingen)
Broste Design (Lingby, Dänemark)
Designers Guild (Deutschland)
Perles d' Asie (Paris)

Günther Sator ist der erste europäische Experte, der Feng Shui an unsere westliche Kultur anpaßte. Heute ist er einer der führenden Berater für Banken, Gewerbebetriebe und Privatkunden. Er ist Begründer der Feng Shui Academy und Autor mehrerer Feng-Shui-Bestseller.

Dr. med. Dipl. Psych. Ilse-Maria Fahrnow, Ärztin und Dozentin für TCM, Homöopathie und Naturheilverfahren.
Jürgen Fahrnow, TCM-Diätetik-Berater, Koch Restaurantmeister und Sommelier.
Beide praktizieren in München und halten Seminare im In- und Ausland.

Susie M. und **Pete Eising** haben Studios in München und Kennebunkport, Maine (U.S.A.). Sie studierten an der Fachakademie für Fotodesign in München, wo sie 1991 ihr eigenes Studio für Food Fotografie gründeten.

Für dieses Buch:
Fotografische Gestaltung:
Martina Görlach
Foodstyling:
Monika Schuster

Auf die

Die starken jungen Kochbücher

für mehr Vitalität und Wohlbefinden

Dauer

Fit, schlank und schön

mit schnellen Schlemmergerichten

hilft nur

Leichter Einstieg mit vielen Infos, über-

sichtlichen Tabellen und praktischen Tips

Power

Mit Power-Woche für schnellen Erfolg

Mehr draus machen

Geeignete Nahrungsmittel für die Fünf-Elemente-Ernährung

ELEMENTE	HEISS	WARM
Holz	Essigessenz, Schalen- und Krustentiere	Essig, Lauch, Haselnuß, Himbeeren, Kirschen, Schweine- und Lammleber
Feuer	Muskat, Safran, Wacholderbeeren, gegrilltes Fleisch	Basilikum, Majoran, Kakao, Salbei, Buchweizen, Amarant, Mandeln, Aprikose, Lamm- und Ziegenfleisch, Tee, Kaffee, Rosenkohl
Erde	Anis, Fenchel, Honig, Süßholz, Ursüße, Liköre	Malz, Vanille, Dinkel, Klebereis, Fenchel, Paprika, Rindfleisch
Metall	Chili, Curry, weißer Pfeffer, Zimt, Knoblauch, Sternanis, Bärlauch, Piment, Hirschfleisch	Ingwer, Koriander, Lorbeer, Nelke, Lauch, schwarzer Pfeffer, Senf, Thymian, Schnittlauch, Huhn, Wild
Wasser	Schinken und Salami, Forelle, Saibling, Lachs, Felchen, Schalen- und Krustentiere, Siedsalz	Kümmel, Kürbiskerne, Sesam, Aubergine, Schwein, Taube, Aal, Makrele, Stör, Thunfisch